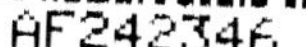

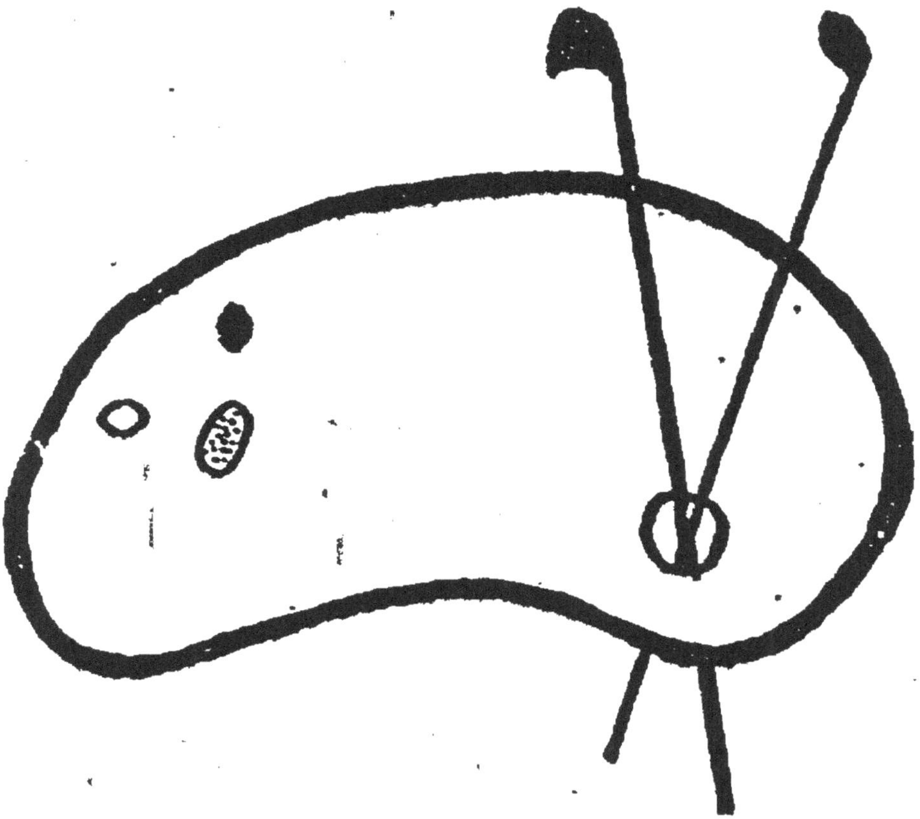

DEBUT D'UNE SERIE DE DOCUMENTS
EN COULEUR

LA
QUESTION ÉGYPTIENNE

Prix : 1 Franc

PARIS
ERNEST LEROUX, ÉDITEUR
28, RUE BONAPARTE, 28

1881

ERNEST LEROUX

ÉDITEUR

28, rue Bonaparte, 28

PARIS

Gasselin (Ed.). — Carte de la Régence de Tunis et de la province de Keirouan dressée par Ed. Gasselin, Consul de France, au retour d'une mission en Tunisie et spécialement à Keirouan. Carte à trois teintes . . . . » 80

Gasselin (Ed.). — Dictionnaire français-arabe. Fasc. X. In-4°. . 3 75

L'ouvrage complet formera 72 fasc. in-4° à 2 colonnes, à 3 fr. 75 chaque fascicule. On peut souscrire à l'ouvrage complet en payant d'avance 200 fr.

De Bisson. — La Tripolitaine et la Tunisie. Brochure in-8°. . 1 50

Fournel (Henri). — Les Berbers, étude sur la conquête de l'Afrique par les Arabes, d'après les textes arabes imprimés, 2 vol. grand in-4°. 60 »

Barbier de Meynard (A. C.). — Dictionnaire turc-français. Supplément aux dictionnaires publiés jusqu'à ce jour. Vol. I, livr. I, grand in-8° . . . . in-8°. 10 »

L'ouvrage sera complet en 8 livraisons de 10 fr. chacune.

Curtius (Ernest). — Histoire grecque traduite de l'allemand sur la cinquième édition par A. Bouché-Leclercq. Tome III. Fasc. 19, in-8°. 1 25

L'ouvrage complet paraît en 33 fasc. in-8° à 1 fr. 25. On souscrit à l'ouvrage complet à recevoir franco, en payant d'avance 35 fr.

Bouché-Leclercq (A.). — Histoire de la divination dans l'antiquité. Vol. III. In-8° . . . . 10 »

Cet ouvrage sera complet en 4 volumes de 10 fr. chacun.

1810 — PARIS. — IMPRIMERIE CHARLES BLOT, RUE BLEUE, 7.

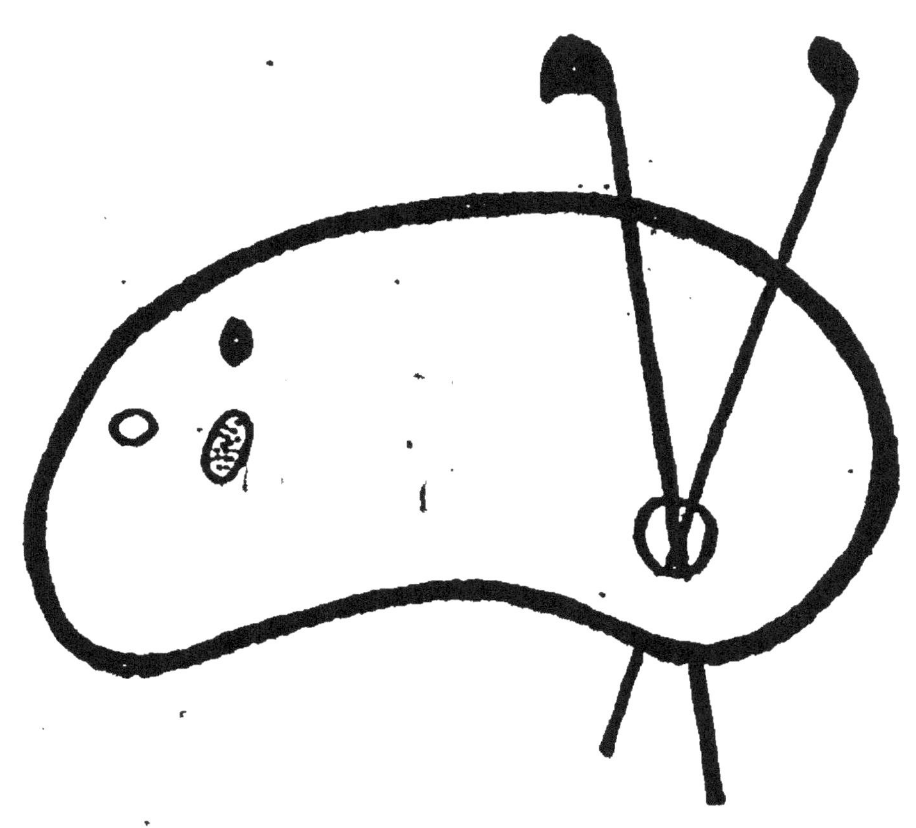

FIN D'UNE SERIE DE DOCUMENTS
EN COULEUR

LA QUESTION ÉGYPTIENNE

On est souvent enclin, quand on considère la crise que traverse l'Égypte, à faire abstraction de ses causes véritables, de ses origines réelles, pour se préoccuper trop exclusivement des insurrections militaires des 1er février et 9 septembre qui n'en ont été qu'une manifestation.

Ce n'est pas, en effet, au seul mécontentement de quelques colonels que l'on peut attribuer un mouvement qui a trouvé des partisans avoués dans presque toute la population, et, sinon des complices, au moins des approbateurs, jusque dans les rangs les plus élevés de la hiérarchie égyptienne. Il s'en suit que ce n'est pas comme on s'était tout d'abord plu à se le figurer dans un simple compromis avec les exigences des chefs militaires, qu'il faut chercher la solution de ce que l'on a déjà appelé « *la question égyptienne* ». Il faut remonter à ses causes premières, suivre celles-ci dans leur développement successif, et concevoir leurs effets. A ce prix seulement, on se rendra un compte exact de la situation, et on pourra espérer la résoudre sans trouble pour l'Europe, sans préjudice pour l'indépendance égyptienne, au mieux, enfin, de tous les intérêts.

Ces causes se rattachent à trois ordres de faits qui, quoique différents dans leur essence, et réagissant les uns sur les autres, forment cependant un ensemble dans lequel ils se confondent tout en se heurtant.

La première, d'ordre en quelque sorte général, est l'action *troublante* de la Porte, qui a fait du recours à sa haute intervention que la France et l'Angleterre lui ont adressé contre e khédive Ismaïl, le point de départ de prétentions à un reprise de possession complète de l'Égypte.

La seconde, d'ordre diplomatique international, est l'établissement du contrôle anglo-français, devenu peu à peu un *condominium* qui a fourni aux rivalités des deux puissances un terrain déterminé qu'elles n'avaient pas eu jusque-là.

La troisième enfin, d'ordre intérieur, est l'entrée en scène d'un élément égyptien qui, sous la dénomination de *« parti national »*, et malgré des tendances naturellement contraires à la fois à l'ingérence turque et à la prépondérance étrangère, cherche cependant à se concilier ces deux éléments contraires pour les opposer l'un à l'autre, et tirer de leur antagonisme les avantages que les circonstances pourront lui indiquer.

L'examen général de ces trois causes, ou, si l'on préfère, de ces trois aspects différents de la *« question égyptienne »* a déjà été entrepris par le journal *le Temps*, dans une série d'études que la bienveillance de quelques amis nous a engagé à reprendre dans quelques parties, à compléter dans quelques autres, et à coordonner dans leur ensemble.

Nous voulons espérer que le public qui s'intéresse aux affaires d'Égypte et auquel cette brochure est dédiée, ne donnera tort ni à l'exactitude des faits, que nous avons à lui rappeler, ni à l'impartialité des idées que nous aurons à lui présenter — dût-il en tirer des conclusions différentes des nôtres.

Novembre 1881.

CHAPITRE Ier

L'action de la Porte, en Égypte, n'est plus aujour-d'hui 'un mystère. Elle s'est traduite par des encouragements prodigués aux chefs de l'insurrection; et, par une singulière étrangeté, elle a exercé en même temps sur l'esprit du khédive Tevfik une attraction dont son père Ismaïl s'était toujours défendu.

Ismaïl-Pacha avait toujours eu, comme objectif de sa politique, l'élargissement graduel des liens qui le rattachaient à la Porte. Il voulait faire de l'Égypte « le point de contact de la civilisation chrétienne avec la civilisation musulmane »; et il était convaincu que tout effort en ce sens était incompatible avec l'autoritarisme absorbant d'un sultan-calife dont le pouvoir ne trouve de garantie de continuité que dans la perpétuation d'un passé exclusif de toute idée de progrès.

Après l'abdication de son père, et par un sentiment naturel de résistance contre les influences étrangères qui avaient nécessité cette abdication, le nouveau khédive a évoqué la suzeraineté de la Porte. En se réclamant de cette suzeraineté, Tevfik ne recherchait qu'un contrepoids à la prépondérance étrangère. En faisant, par des démonstrations de *loyalisme,* acte de vassalité complète, il se proposait aussi de rendre la Porte solidaire de son acceptation du *condominium* anglo-français, et en diminuer ainsi l'humiliation aux yeux de ses sujets.

Il fallait une force de caractère et une habileté qui manquaient au gouvernement du khédive pour s'engager dans cette voie, sans se laisser entraîner au delà des limites qu'il s'assignait. La Porte exploita le bon vouloir tout nouveau du gouvernement égyptien, avec le savoir-faire qu'elle doit à une longue expérience. Rétablir sur l'Égypte une suprématie sans conteste; la rallier au *mouvement pan-islamique* organisé sous les inspirations du sultan; c'était plus qu'un rehaussement de prestige, c'était presque une conquête nouvelle.

On a prétendu que ce mouvement pan-islamique — à peine dessiné il y a trois ans, très accentué aujourd'hui — a pris naissance dans l'Asie centrale, à Boukara. A son origine, il visait uniquement la formation d'une ligue islamique contre les Anglais dans l'Afghanistan, et dans les Indes, et contre les Russes dans le Turkestan. Le nom de Koudaïar-Khan, ancien chef de Kokhand, qui a été mêlé aux débuts du mouvement, donnerait de la vraisemblance à cette version. Mais, peu à peu et par un enchaînement de choses et d'idées facile à concevoir, ce mouvement prit un caractère hostile au sultan et à l'essence même de la domination turque.

Il s'est produit, en effet, il y a deux ans, dans le monde musulman arabe, une agitation qui mérite une sérieuse attention. Nous voulons parler des tendances qui se sont manifestées dans certains cercles de l'islam en faveur d'une séparation à établir entre le sultanat et le califat. Cette séparation du pouvoir temporel et du pouvoir spirituel, confondus dans la personne du souverain ottoman, est devenue l'objet de discussions qui — quelque stériles que l'on veuille les imaginer — n'en constituent pas moins un fait dont l'importance est, dès à présent, appréciable par l'influence qu'il exerce sur l'esprit de la Porte dans la conduite générale des affaires de l'empire.

Ainsi, de purement religieux à son début, le mouve-

ment pan-islamique était devenu politique et se tour-
nait contre le calife Abd-ul-Hamid. Il y avait été aidé,
il est vrai, par l'intervention et les menées de personnages puissants, et le concours de nombre de mécon-
tents ou d'ambitieux parmi les fonctionnaires même
de la Porte. Il convient aussi, dans cette transforma-
tion, de faire la part du sentiment national que l'abais-
sement et les humiliations infligés à la Porte par les
événements de ces dernières années ont profondément
blessé. Tel ou tel pacha, que l'on nomme aujourd'hui
publiquement, ne déguisait guère la pensée que, à ses
yeux, comme aux yeux de la généralité des musulmans, le califat, en restant identifié dans la personne
du sultan, menait l'islam à l'abîme, après en avoir fait
jadis la grandeur. Une lettre parue dans *les Débats*, le
14 août 1880, sous la signature de « Un homme d'État
oriental », signalait avec énergie cette vérité qu'elle
appelait « patriotique » et « dont la perception, y était-
« il ajouté, est peut-être le plus grand effort intellectuel
« qu'aient fait les musulmans de nos jours ».

De là, à l'idée que, pour sauver l'Islam, il fallait
séparer l'église musulmane de l'Etat ottoman, il n'y
avait qu'un pas. Ce pas a été franchi.

Que de faits il y aurait à citer qui caractériseraient
le mouvement dont nous ne rappelons ici que
les traits essentiels — mouvement très complexe
déjà par lui-même et compliqué encore d'intrigues de
toutes sortes ! Que de curieux enseignements il y aurait
à tirer, par exemple, du rôle attribué au prédécesseur
de M. Goschen à Constantinople dans cette agitation
politico-religieuse ! M. Layard ne fut-il pas amené à
vouloir y mêler notre ambassadeur, M. Fournier, et,
pour cela, à sonder ses dispositions dans le cas très
possible d'une révolution dirigée contre le calife?

Le sultan, alarmé, s'adressa à Munif-Effendi, un des
lettrés turcs dont la science théologique est le plus en

renom. Il lui demanda d'écrire sur l'institution du califat, sur ses devoirs, ses obligations, un mémoire qui légitimerait les droits de la famille d'Othman au califat dont elle est investie.

En même temps qu'il opposait les savantes controverses de Munif aux interprétations du *Chéri* dirigées contre lui, le sultan s'appliquait, par des actes, à combattre ses adversaires sur leur propre terrain. S'appropriant l'idée première de la ligue islamique attribuée à Koudaïar Khan, il prit sous son égide le mouvement unioniste. Sous son inspiration, des *hitbets* (prédications) affirmèrent la solidarité des peuples musulmans et la nécessité de leur union en présence de la chrétienté les menaçant dans leur patriotisme et dans leur foi.

On a vu et on voit encore des gouvernements créer une sorte de socialisme officiel en opposition avec le socialisme révolutionnaire. « Le calife — a-t-on dit — s'est inspiré de la même pensée, en cherchant à s'approprier un mouvement dont il avait à craindre le développement, et à le détourner dans un sens favorable à sa popularité ».

Si l'on accepte cette explication des mobiles qui ont inspiré au Sultan la politique pan-islamique dont les funestes effets s'aperçoivent nettement en Tunisie, en Algérie, à Tripoli — en attendant qu'ils se fassent ressentir plus directement en Égypte — on ne saurait cependant y voir qu'une sorte de circonstance atténuante dont la plus grande indulgence ne pourrait se contenter pour justifier et légitimer cette politique dangereuse.

Dernièrement, un personnage du palais qui possède la confiance intime du sultan, traduisait ainsi la pensée ntime de son maître sur la situation nouvellement acquise par le Califat en Afrique :

« Les événements de Tunis, disait-il, ont produit

un très heureux résultat; car aujourd'hui les sympathies de la nation arabe sont complètement acquises à Sa Majesté, et tous les regards de cette nation sont tournés vers Constantinople. Dans le temps, nous étions totalement oubliés en Algérie; mais, depuis les derniers événements, les Tunisiens nous ont ramené les sympathies des populations de cette contrée, *où quatre grandes tribus nous sont complètement acquises.* Aujourd'hui, si la révolution n'a pas encore pris de l'extension en Afrique, c'est pour ménager le sang musulman qui ne doit pas couler inutilement. »

Ces désirs de reconquérir en Afrique la situation que le Califat y occupait dans le passé, seraient antérieurs aux derniers événements de Tunisie. On peut en voir tout au moins un indice dans une singulière déclaration que fit le sultan à M. de Ring, avant que celui-ci ne fût envoyé en Égypte. M. de Ring, alors membre de la commission européenne d'organisation de la Roumélie-Orientale, fut reçu en audience particulière par Abd-ul-Hamid. A propos du traité de Berlin, de son exécution et de ses conséquences sur les destinées de l'empire ottoman, le sultan dit que « l'Afrique devait lui servir de compensation à la perte de ses plus belles provinces d'Europe, et que ses efforts tendraient à y reconquérir l'influence et le prestige du passé. »

Le sultan s'est tenu parole. En Tunisie, il espère regagner une suprématie incontestée; et, en Égypte, il rêve une reprise de possession des droits que lui a enlevés le traité de 1841.

Tous les efforts de Constantinople se sont tendus vers cette dernière entreprise, depuis que la crise commencée par la première insurrection du 1er février a ouvert le champ à l'intervention de la Porte. Ces efforts ont abouti, on le sait, à un accord avec les chefs militaires dont elle a ouvertement patronné les réclamations. La lumière n'est pas encore faite sur le caractère même de cet accord dont les derniers incidents n'ont pas donné le dernier mot. S'il survit au compromis en suite duquel le ministère Chérif-Pacha s'est constitué, il faut s'attendre à des péripéties qui poseront de nouveau sur le tapis la question d'une intervention armée de la Turquie.

Le consentement des officiers rebelles à cette intervention n'aurait, à lui seul, qu'une importance relative s'il n'était fortifié de l'assentiment du khédive. On a dit, en effet, que Tevfik avait sollicité lui-même l'envoi de troupes turques « afin de rétablir l'ordre ».

Cette démarche aurait été faite par un de ses confidents les plus intimes, envoyé secrètement à Constantinople avec mission de concerter avec la Porte les clauses « d'une occupation provisoire ». Or, ce confident passe pour entretenir avec le sultan des relations trop intimes pour qu'il ne soit pas considéré comme l'homme lige d'Abd-ul-Hamid, avant d'être celui de Tevfik. On s'est même demandé s'il n'y avait pas quelque coïncidence entre le départ du commissaire pour Constantinople et celui du représentant de l'Angleterre, M. Malet.

Une dépêche de Constantinople, du 12 septembre, adressée au *Times*, après avoir « confirmé le bruit », que le khédive avait demandé au sultan des troupes pour le mettre à même de rétablir l'ordre en Égypte, ajoutait :

« Il est à noter que lord Dufferin, en rendant sa visite hebdomadaire accoutumée au ministre des affaires étrangères, était accompagné de M. Malet, et de cela on a conclu naturellement que les affaires égyptiennes avaient été l'objet de la discussion. »

Il est probable que le *Times* démentirait maintenant « tous les bruits » qui établissaient une sorte de connexité entre la demande du khédive et le départ de M. Malet pour Constantinople. Les événements, en effet, ne semblent pas avoir répondu aux premières conceptions de la politique anglaise ; et l'envoi, au Caire, de deux commissaires turcs, malgré les observations réunies de la France et de l'Angleterre, est venu resserrer entre ces deux puissances une entente dont le cabinet de Londres avait paru vouloir se détacher, pour agir seul et au mieux, sans doute, de ses seuls intérêts.

De quelque nature que soient les mécomptes qui ont ramené le gouvernement anglais aux idées sur lesquelles est établi son accord, en Égypte, avec le gouvernement français, cet accord, quelque précaire qu'il soit, a pu aboutir après échange de nombreuses dépêches dont l'analyse a été déjà portée à la connaissance publique. Il s'est traduit par la remise à la Porte de déclarations identiques contre toutes ses velléités d'ingérence, en Égypte ; et il a eu, à la fois, comme témoignage et sanction l'arrivée simultanée, devant Alexandrie, de deux cuirassés anglais et français qui y resteront en station jusqu'à nouvel ordre.

En dehors de ces deux points, c'est en vain que l'on chercherait dans la correspondance échangée entre Londres et Paris, quelques renseignements un peu précis sur le genre de mission que les deux commissaires turcs ont été chargés de remplir en Égypte.

S'il fallait, il est vrai, s'en rapporter à certaines dépêches, la Porte n'aurait eu d'autre intention que de couronner de son assentiment suzerain la conciliation intervenue entre les chefs de l'insurrection militaire et le gouvernement du khédive. L'ex-premier secrétaire du sultan, Ali-Fuad-Bey, et le chef d'état-major général de l'armée, Ali-Nizam-Pacha, auraient été simplement chargés de transmettre au vice-roi les compliments et les félicitations du sultan.

On voudrait pouvoir ajouter foi à ces rassurantes explications, et croire qu'elles sont un démenti sincère de celles données précédemment par l'officieux *Vakit*, qui, dans un langage aussi imprudent que dépouillé d'artifice, avait justifié l'envoi des deux [commissaires par « la nécessité de faire une enquête approfondie sur les plaintes formulées par l'armée égyptienne. » Malheureusement, les allures générales de la politique ottomane, en ces derniers temps, n'autorisent guère une facile confiance en la pureté de ses desseins. De platoniques protestations ne suffisent plus à la défendre du soupçon de vouloir mettre à profit les difficultés que traverse l'Égypte, pour enlever à ce pays la semi-indépendance qui lui a été assurée par le traité de 1841. Aussi ne sont-elles point parvenues à convaincre les gouvernements anglais et français qu'un pur et simple message de haute courtoisie était le véritable objet de la mission que deux personnages, choisis dans l'entourage intime du sultan, étaient venus remplir en Égypte.

En dehors de ces deux personnages, Ali-Fuad-Bey et Ali-Nizam-Pacha, il en était un troisième, laissé dans l'ombre, relégué pour ainsi dire à l'arrière-plan, et dont la présence, à côté des deux envoyés en titre du sultan, méritait cependant quelque attention. Ce personnage dont on a évité de faire mention, est Cadri-Effendi, deuxième secrétaire du sultan, chargé spécialement des correspondances que le palais entretient avec les cheiks arabes et les chefs des grandes confréries religieuses. Cadri-Effendi, originaire d'Alep, n'est pas seulement un écrivain distingué; c'est aussi un des agents occultes les plus actifs de la propagande pan-islamique, si fort en faveur au palais. Dans le cas où il continuerait à séjourner au Caire après le départ des deux commissaires turcs officiellement accrédités auprès du khédive, on serait en droit de s'inquiéter de la mission qu'il y poursuit.

Le choix de tels personnages pour remplir une mission quelconque, en Égypte, à la suite des événements qui s'y étaient produits, ce choix est un indice d'arrière-pensées contre lesquelles il n'était que juste — comme on l'a fait — de se tenir en garde.

On aurait tort, en effet, de considérer Fuad-Bey et Nizami-Pacha comme des délégués ou des représentants réguliers de la Porte ; ce sont des agents du palais, des *missi dominici*, ayant reçu un mandat direct et secret du sultan, et n'ayant de compte à rendre qu'à la personne du calife. Dans le cas où leur attitude en Égypte donnerait prise, soit dès maintenant, soit plus tard, à des protestations de la part du khédive ou des puissances européennes, ce ne serait pas, à la Porte, auprès du grand vizir — lequel ne saurait, en droit, être tenu responsable d'un mandat donné en quelque sorte par-dessus sa tête — ce serait au palais, au sultan directement et personnellement que ces protestations pourraient être portées d'une façon utile.

Ce n'est point un fait nouveau que cette substitution du pouvoir absolu du sultan à l'autorité de la Porte ; du pouvoir de l'un, qui échappe, derrière les murs du sérail, à toutes les investigations diplomatiques et ne se manifeste au dehors que d'une façon impersonnelle comme une sorte de pouvoir divin ; — à l'autorité de la seconde, qui, étant l'émanation pour ainsi dire matérielle, tangible, de la volonté du padichah, offrait une surface au moins apparente au contrôle régulier et, au besoin, aux remontrances légitimes des diplomaties étrangères. Depuis Abd-ul-Hamid, le palais a fini par absorber la Porte; le grand vizir et les ministres ne sont plus, en réalité, que les commis du gouvernement occulte que recèlent les profondeurs impénétrables du sérail. On n'en est plus à l'ignorer.

Cette vieille et baroque institution impersonnelle, faite de pouvoir personnel et de pouvoir oligarchique qui s'appelle la Sublime-Porte — disait la *République française* dans son numéro du 11 octobre 1881 — était restée intacte entre les mains des prédécesseurs du sultan Abd-ul-Hamid, depuis le sultan Selim, jusqu'à Abd-ul-Aziz. Aujourd'hui, sous l'impulsion du présent sultan, tout est changé, bouleversé, réformé; la Porte n'existe plus que de nom; le souverain s'est substitué à elle et tient entre ses mains la direction des affaires. Il y avait jadis des ministres, des vizirs qui avaient une volonté et une politique à eux, puisque souvent ils terminaient leur carrière publique par le café ou le cordon; ils sont remplacés par de simples commis. Abd-ul-Hamid, au lendemain des désastres qui ont accablé son pays, s'est emparé du pouvoir. A sa volonté il n'y a plus le contre-poids des anciens jours qui neutralisait dans une grande mesure l'influence personnelle des grands seigneurs. Le crédit même des ambassadeurs étrangers a considérablement diminué; ils sont souvent le jouet du caprice impérial qui les renvoie aux ministres fictifs, lesquels ministres les renvoient à leur tour au palais. De politique turque, il n'y en a réellement plus. La seule volonté du souverain l'a remplacée. De là, ces fugues extraordinaires du gouvernement turc, ces efforts spasmodiques, sans lien, sans suite, souvent sans objet, qui étonnent et déconcertent toutes les prévisions. Devant les signes évidents d'une impulsion unique et sans contrôle, l'Europe cherche en vain à Constantinople un point de repère, et elle a d'autant moins de raison d'être rassurée, que le sultan n'a qu'une faible conscience de la gravité de ses actes et que la vie de harem qu'il a menée avant comme après son accession n'a pu lui apprendre à gouverner les hommes, quelque aveugles et soumis qu'ils puissent être. Emprisonné dès sa plus tendre enfance, espionné et surveillé par les soins de son oncle, qui voulait renverser en faveur de son fils l'ordre établi de succession, Abd-ul-Hamid ne possède aucun des éléments nécessaires pour diriger les destinées d'un empire encore vaste. Il a écarté ou proscrit les conseillers dont l'expérience aurait pu corriger l'insuffisance de son éducation politique, et s'est mis à gouverner comme gouvernerait un esclave couronné.

La situation anormale qui résulte de l'état de choses si énergiquement mis en relief par la *République française*, et qui rend illusoire toute action diplomatique s'adressant à la Porte sans y faire intervenir le palais, cette situation aurait dû, il semble, frapper les gouvernements anglais et français plus qu'il ne le paraît dans les notes identiqnes que leurs ambassadeurs ont présentées au grand vizir.

Pourtant, il est à remarquer que les représentants de l'Angleterre et de la France, en Egypte, se sont abstenus de rendre la moindre visite aux deux envoyés du sultan. Ils n'ont pris connaissance de l'arrivée des commissaires turcs que pour notifier au khédive qu'ils ne leur reconnaîtraient aucun droit de s'ingérer dans les affaires du ressort du contrôle anglo-français.

Soumis ainsi, d'une part, à une sorte de quarantaine politique, et repoussés, d'autre part, daus leur demande au khédive de la nomination d'une cour spéciale chargée de faire une enquête sur la situation générale de l'Egypte, Fuad-Bey, et Nizami-Pacha n'avaient plus de mission ostensible ou avouable qui expliquât le prolongement de leur présence au Caire. Il n'était pas besoin, en effet, de plus de quelques jours pour s'acquitter d'un message de pure courtoisie, si ce message ne cachait aucun autre objet.

On conçoit donc que les cabinets de Londres et de Paris aient attaché une signification particulière au départ plus ou moins immédiat des deux commissaires turcs. Malgré tout, ils n'en restent pas moins convaincus que Fuad-Bey et Nizami-Pacha avaient mission de sonder les dispositions des personnages égyptiens les plus influents, de les rallier à l'idée d'un élargissement des droits de Suzeraineté de la Porte.

Il peut y avoir doute sur les moyens par lesquels le sultan espère réaliser ce programme ; mais on ne saurait douter que ce programme lui-même existe. Les données générales en sont faciles à discerner : « Favoriser les revendications de l'armée et flatter celles du « parti national », tenir en échec le pouvoir khédivial par la menace de nouveaux désordres, battre en même temps en brèche le contrôle anglo-français et attendre les événements. »

Quelque indéterminés que soient encore les derniers termes de cette combinaison, ils tendront toujours à miner l'influence prépondérante de l'Angleterre et de la France.

En ce qui concerne le khédiviat d'Egypte, les dernières résolutions paraissent être encore incertaines. Tout ce que l'on en sait, c'est que le sultan est favorable au maintien de Tevfik sur le trône égyptien, mais à condition qu'il prenne « des engagements sérieux » et marche d'accord avec la Porte.

A un autre point de vue, le sultan aurait compris qu'il ne peut gagner la population égyptienne à l'idée du rétablissement de son pouvoir effectif, qu'en lui accordant une Constitution qui serait pour celle-ci une garantie préalable de la conservation de son autonomie. Quant à l'armée, il la considère comme devant être, pour le présent, le point d'appui de *sa politique de pénétration* en Égypte; et, pour l'avenir, la grande assise de sa pleine et entière suzeraineté.

Ces visées du sultan expliquent les préoccupations dont ont témoigné les dépêches échangées entre les cabinets de Londres et de Paris.

La question égyptienne se trouve donc compliquée des agissements de la politique pan-islamique inaugurée par Abd-ul-Hamid. Ces agissements, s'ils n'ont point, dans le passé, provoqué ou tout au moins encouragé les chefs militaires à entrer en rébellion ouverte contre le gouvernement du khédive, et s'ils ne visent point, dans le présent, à susciter de nouveaux *pronunciamentos*, ils tendent tout au moins à tenir en haleine une agitation que le sultan espère voir se tourner contre les puissances occidentales dont les intérêts et l'influence dominent en Égypte et s'étendent dans les autres pays d'Afrique et d'Asie.

Les puissances ont beau avertir le représentant actuel de la race d'Osman ; il n'en continue pas moins la réalisation problématique de son utopie. D'un côté, malgré ses assurances formelles, il envoie des soldats et des canons à Tripoli, d'où il lui sera possible d'alimenter l'insurrection d'une part en Tunisie et en Algérie, et de l'autre en Égypte ; de l'autre côté, il expédie au Caire des mandataires extraordinaires, malgré la volonté bien formellement exprimée par les gouvernements de Londres et de Paris d'écarter des affaires égyptiennes toute espèce d'intervention turque.

Le sultan n'a cure d'aucune protestation. Il dédaigne les avertissements et agit absolument comme si, au lieu d'avoir derrière lui un empire affaibli et chancelant, il disposait des cohortes victorieuses qui renversèrent l'empire byzantin.

L'action personnelle du sultan Abd-ul-Hamid doit donc être prise en grande considération par toute l'Europe, et plus particulièrement par la France et par l'Angleterre, puisque par la nature des choses, c'est contre ces deux puissances qu'elle s'exerce plus spécialement. Cette action est, en effet, l'élément le plus grave de la question orientale, dont la question égyptienne occupe aujourd'hui le premier plan.

CHAPITRE II

A l'action troublante de la Porte, que nous venons d'indiquer, comme étant, au point de vue général, une des causes originelles de la crise égyptienne, se joint le jeu combiné des influences anglaise et française.

La diplomatie française a-t-elle été bien inspirée le jour où, renonçant à sa politique traditionnelle qui lui faisait concevoir la nécessité d'aider l'Égypte à un affranchissement graduel, elle a rénoué les liens qui enchaînaient cette province à la Porte, en ayant recours à la suzeraineté du sultan pour décider l'abdication d'Ismaïl ?

N'a-t-elle pas, ensuite, poussé trop loin l'immixtion de la France dans les affaires égyptiennes ?

Le motif de cette immixtion a été l'intérêt des créanciers français qui avaient engagé leurs fonds dans la dette égyptienne.

Au début, en janvier 1878, il ne s'agissait — suivant les expressions d'une dépêche de M. Waddington — que d'une action simplement officieuse, d'une assistance bénévole n'engageant à aucun degré la responsabilité du Gouvernement. A la suite de cette intervention officieuse de la France et de l'Angleterre, une enquête avait été ordonnée par le khédive Ismaïl.

Jusque-là, il n'y avait trop rien à dire, on pouvait croire que la France ne serait pas entraînée plus loin, et qu'elle arriverait, sans de nouvelles compromissions, à faire rentrer dans leurs fonds et dans leurs arrérages ses nationaux qui avaient commis l'imprudence de porter leur argent à l'étranger.

A la suite de l'enquête qu'il venait d'ordonner, le khédive organisa un ministère, sous la présidence de Nubar-Pacha. Dans ce ministère entrèrent deux Européens. L'Angleterre fut représentée par M. Rivers Wilson, ministre des finances, et la France par M. de Blignières, ministre des travaux publics.

Ainsi, quelques mois auparavant, il ne s'agissait que d'une intervention officieuse dans l'intérêt des créanciers français. Six mois après, on en était à faire entrer un Français dans un ministère égyptien. Ce Français n'y entrait point par le choix spontané du gouvernement du khédive. Ce portefeuille n'avait pas été offert, mais exigé par M. Waddington. C'était donc un Français, choisi par le gouvernement français, qui allait compromettre la France dans un gouvernement étranger.

Ce fut, de même, sur la proposition de M. Waddington qu'une commission de trois membres, composée d'un Égyptien, d'un Français et d'un Anglais, chacun désigné par son gouvernement, fut chargée d'administrer les biens cédés par le khédive et sa famille, et d'en remettre les revenus aux maisons Rothschild de Paris et de Londres. Suivant une expression tirée des dépêches de M. Waddington : « La France était intervenue pour faciliter, sur les marchés de Paris et de Londres, les spéculations de crédit que réclamait la pénurie du trésor égyptien. »

Il serait difficile de ne point convenir qu'on a engagé la France pour des intérêts qui n'étaient pas des intérêts français, car il n'y a point d'intérêt français à garantir à la maison Rothschild le recouvrement de ses avances.

Aux premières mesures de réforme proposées par Nubar-Pacha, il arriva ce qu'on devait prévoir :

une révolte militaire éclata, à la suite de laquelle, et sur l'avis des consuls généraux, réunis au Palais, Nubar-Pacha donna sa démission.

Comme la France — et cela avait été une grande imprudence — était officiellement représentée dans le cabinet, elle se trouvait en quelque sorte atteinte par cet événement. Aussi, dès le 21 février 1879, M. Waddington était-il obligé de donner des ordres pour l'envoi d'un bâtiment de guerre à Alexandrie.

A la suite de cette menace, le khédive se prêta à l'organisation exigée d'un nouveau ministère. Il consentit même aux dures conditions qui avaient été imposées par la France pour l'acceptation de cet arrangement.

Ces conditions furent précisées dans une dépêche du 7 mars 1879, signée de M. Waddington : « Il sera entendu, disait-il, que le khédive n'assistera pas aux délibérations du cabinet... Les deux membres européens du cabinet auront conjointement le droit d'opposer un *veto* absolu à toutes mesures qu'ils désapprouveront. »

Ici encore, n'est-on pas allé trop loin ? M. Waddington, qui n'avait jamais demandé que le Président de la République n'assistât pas au conseil, était mal fondé à demander à un souverain absolu et étranger de ne pas présider ses ministres. N'y avait-il pas, en outre, imprudence à faire figurer un Français dans un cabinet égyptien avec droit de *veto* ?

La France était donc de plus en plus engagée. Les conséquences de cette compromission ne tardèrent pas longtemps à éclater. Dès le 7 avril, c'est-à-dire quelques jours après, le khédive renvoyait le cabinet que présidait son fils le khédive actuel, Tevfik, et le remplaçait par un ministère indigène qui devait être responsable devant une chambre des députés à organiser.

Le « coup d'audace », par lequel le khédive renversa le pouvoir que la diplomatie anglo-française venait de créer à côté du sien, eut un grand retentissement. Qu'allaient faire les gouvernements anglais et français, éconduits dans la personne de leurs délégués, par un Prince dont « le coup d'audace » n'était, en réalité, que la juste et légitime revendication de son autorité souveraine et des droits de son pays? Dans la politique aveugle qu'il avait embrassée, le Ministère de M. Waddington n'avait point tenu compte des entraînements d'idées et des enchaînements de choses qui devaient le mener à engager l'influence française dans les actes les plus graves, les plus imprudents. L'abdication du Vice-Roi parut aux cabinets de Londres et de Paris être une nécessité de la situation nouvelle. Ismaïl-Pacha s'y refusant, ils réclamèrent du sultan une intervention décisive.

La Porte saisit avec empressement l'occasion d'affirmer sa suzeraineté sur l'Égypte. Le temps n'était plus, du reste, où le khédive libre de ses ressources répandait à profusion ses libéralités sur les ministres turcs, sur les favoris du palais, sur le harem. Le khédive ne pouvait plus compter sur les bons vouloirs qu'il avait jadis si chèrement achetés. Sur les sommations de la Porte, Ismaïl-Pacha consentit à transmettre la couronne à son fils.

Ainsi, de négociations en négociations, et de compromissions en compromissions, « l'intervention simplement officieuse et bénévole » indiquée au début par M. Vaddington, avait d'abord conduit la France, à vouloir faciliter des spéculations de crédit en Égypte; elle l'a ensuite amené à se mêler de l'administration même de ce pays, et enfin à prendre l'initiative d'une révolution gouvernementale.

Depuis cette révolution, une commission internationale de liquidation fonctionne dans l'intérêt des créanciers européens; de plus, il y a près du gouvernement égyptien deux contrôleurs généraux qui, aux termes du décret du 15 novembre 1879, ne prennent point part à la direction des services administratifs.

Le contrôle français, représenté par M. de Blignières, s'est exercé de telle façon qu'il a prêté à dire qu'il a marché à la remorque du contrôle anglais. Le reproche est excessif; mais on doit regretter que M. de Blignières ait souvent fait abstraction des intérêts généraux de la politique française pour considérer trop exclusivement les intérêts financiers des porteurs de créances égyptiennes. Par cette manière de voir et par suite de concevoir ses fonctions, le contrôleur français a souvent contrarié l'action de notre agent diplomatique, M. de Ring.

—M. de Ring faisait reposer la conservation de notre ancienne influence sur l'affranchissement graduel de l'Égypte de toutes entraves à son émancipation sociale, administrative ou économique. Il poursuivait, en la développant suivant les lois du progrès, la politique qui inspira à la France la large participation qu'elle prit dans le traité de 1841, en faveur de l'autonomie égyptienne. M. de Blignières, au contraire, ne voyait dans l'exercice du contrôle qu'un instrument de défense pour des intérêts financiers qu'il avait charge de faire prévaloir sur tout autre intérêt. Il était ainsi amené à considérer, sinon comme un danger, au moins comme une gêne, le *self government* vers lequel tendaient toutes les aspirations populaires, et vers lequel le ministère Chérif-Pacha est venu marquer un pas en avant.

Placé entre les avis opposés de deux hauts fonctionnaires également autorisés, quoique à des titres différents, le département des affaires extérieures n'a pu voir, en ce qui concerne l'Égypte, la netteté et l'unité de vues nécessaires pour fixer sûrement ses déterminations.

S'ensuit-il qu'il y ait, entre la légitime action de notre agent diplomatique et celle de notre agent du contrôle, une incompatibilité qui doive nuire forcément à la marche de notre politique? Pour être assuré du contraire, il suffit de regarder l'intime cohésion d'idées et d'actes existant entre le représentant et l'agent du contrôle de l'Angleterre. Mais le foreign-office a pris soin de choisir, pour ces deux postes, des hommes dont les sentiments, les opinions, les idées étaient en parfaite harmonie de principes, de tendances et même d'intérêts. Tel n'était pas le cas de M. de Ring et de M. de Blignières.

Au point de vue étroit du maintien *quand même* d'un *statu quo* éphémère, les idées de M. de Blignières ont eu l'heureuse fortune de rencontrer les suffrages du ministère des affaires étrangères. Au point de vue plus large et plus élevé d'une politique recherchant les garanties de son influence dans un accord possible avec des revendications nationales déjà en fermentation, l'attitude *agissante* de M. de Ring semblait propre à conquérir une approbation qui lui a fait défaut.

On sait que l'attitude conciliatrice que notre agent diplomatique crut devoir prendre contre les revendications des chefs militaires et les résistances du gouvernement du khédive, après le mouvement du 1er février, on sait que cette attitude fut désapprouvée par M. Barthélemy Saint-Hilaire et que M. de Ring fut mis en disponibilité. Suivant une hypothèse assez accréditée, cette mesure aurait été peut-être commandée par des considérations d'une politique plus générale que particulière à l'Égypte. C'était au moment de l'entrée en campagne de nos troupes en Tunisie; et il était, du côté de l'Égypte, des susceptibilités auxquelles la conduite de M. de Ring avait porté ombrage, au moins en apparence, et que l'on aurait cru utile de ménager en leur sacrifiant celui qui les avait provoquées.

Devant cette hypothèse, il est facile de négliger toute proposition qui tendrait, même indirectement, à indiquer un jugement quelconque sur l'opportunité ou sur l'équité de la mesure prise contre M. de Ring. Mais, si on se place à un point de vue restreint aux seules affaires d'Égypte, il faut reconnaître que, à quelque motif qu'il faille attribuer la disgrâce de cet agent, les idées politiques dont il s'inspirait méritent qu'on les prenne en considération, puisqu'elles prévoyaient des éventualités qui se sont réalisées. Les derniers événements du Caire et la façon dont ils ont fini par être envisagés et acceptés tant par le gouvernement français que par le gouvernement anglais, justifient l'attitude que notre ministre en Égypte avait prise, et ils sont, en même temps, la condamnation de ce groupe de politiciens financiers au jugement duquel l'absorption de plus en plus entière de l'Égypte par le *consortium*, anglo-français, est une nécessité d'ordre supérieur.

Les *pronunciamentos* militaires, contenus dans leurs prétentions et réglés dans leurs effets par le ministère de Chérif-Pacha, ont eu, en effet, gain de cause. N'eût-il pas mieux valu,—puisque, tôt ou tard, il fallait en arriver là, — acquiescer de bonne grâce à des demandes qui, comme celles relatives à l'élection d'une assemblée des notables, paraissent maintenant assez légitimes 'pour qu'on ne leur refuse pas satisfaction. N'eût-il pas été plus sage de consentir bénévolement, après la manifestation militaire du 1ᵉʳ février, à des revendications auxquelles il a fallu souscrire, après l'insurrection du 9 septembre.

Jusqu'en février, ces revendications n'étaient, a-t-on dit, au fond, qu'une « *question d'estomac* », suivant une expression courante en Égypte. Deux mille officiers licenciés sans qu'on leur eût même payé des arriérés de solde importants, des centaines d'employés civils remerciés sans aucune compensation, avaient été réduits à une véritable mendicité; et ils en accusaient les réformes économiques consenties par le nouveau khédive au détriment des droits acquis de ses nationaux, et au profit des garanties à donner à des étrangers, détenteurs d'une « Dette publique, » sur laquelle ses sujets n'avaient aucune notion.

La misère de ces malheureux, jetés brutalement sur le pavé, justifiait l'acrimonie de leurs plaintes. Plusieurs se résignèrent à voir leurs femmes demander à la prostitution le morceau de pain que, du jour au lendemain, ils avaient été mis dans l'impossibilité de leur fournir. Parmi les officiers, un grand nombre venaient de faire campagne contre les Russes, en Turquie, contre les Abyssiniens, à l'extrémité de l'Égypte. Au lieu des récompenses espérées par les uns, de la retraite attendu par les autres, un licenciement pur et simple, sans dédommagement aucun pour l'avenir, sans même le paiement des arriérés de solde.

Toute question d'honnêteté d'humanité, et de justice à part, une politique sage et prévoyante eût sacrifié quelques millions au soulagement de ces misères. Mais, au nom des intérêts financiers dont il était chargé, le contrôle se refusa à inscrire la dépense. M. de Ring ne put que déplorer une âpreté parcimonieuse qui aigrissait les esprits, et offrait une sorte de « plate-forme » à de dangereuses excitations. L'effervescence se généralisa, et « la question d'estomac » s'est *nationalisée*.

Voici en quels termes, le lendemain de l'émeute de février, un des officiers rebelles s'adressait à notre représentant : «Vous avez, —lui disait-il,—des garanties pour le payement de la Dette. Nous ne voulons pas vous les enlever; car nous reconnaissons que lo contrôle qui assure ces garanties a eu, en même temps, un effet salutaire sur l'administration économique du pays. Mais, à nous contribuables, qui payons l'impôt, quelles garanties nous donnez-vous contre les dénis de justice, contre les iniquités d'un gouvernement dont notre souverain n'est même plus le maître? »

On invoque la prospérité des finances égyptiennes comme une réponse sans réplique aux plaintes formulées par l'élément national égyptien contre l'absorption de l'administration financière du pays par le contrôle anglo-français. La masse du pays, c'est-à-dire la population agricole, le *fellah*, en un mot, participe-t-il à cette prospérité? N'a-t-elle pas été obtenue plutôt à ses dépens? Un des premiers actes du contrôle a été l'abolition de la *Mokaballa*. On appelait ainsi l'impôt anticipé de plusieurs années qui, suivant une mesure décrétée par Ismaïl-Pacha, donnait au cultivateur qui l'acquittait la propriété du terrain dont il n'était avant que le tenancier vis-à-vis de l'État, et attachait à ce terrain le privilège des biens *achourié*, lesquels ne paient que la dîme (environ 1/2 impôt). Vendre un privilège de cette nature est, assurément, une mesure économique d'un profit contestable. Mais le vendre, et quand on en a touché le prix, le retirer, c'est là un procédé léonin d'une équité douteuse. Il est vrai qu'on a accordé aux malheureux *fellahs* un intérêt de 3 0/0 sur les sommes qu'ils avaient versées ; mais la plupart avaient acquitté la *mokaballa* en empruntant à 25 et 30 0/0.

Un autre fait qui, aux yeux des Égyptiens, légitime leurs griefs contre le contrôle, c'est que celui-ci aurait pu et dû, à leur sens, rechercher l'équilibre du budget en faisant participer les Européens, possesseurs de terres ou propriétaires d'immeubles, aux charges qui incombent aux indigènes et auxquelles

les premiers échappent, à la faveur des Capitulations.
A ne prendre qu'un exemple, une bonne moitié des
maisons d'Alexandrie appartient à des étrangers que
les capitulations dispensent de l'impôt. Si le contrôle
avait poursuivi l'abrogation de ces privilèges désas-
treux, il eût sans aucun doute soulevé les protestations des Européens; mais il se serait acquis, auprès
des indigènes, des sympathies qui l'auraient défendu
de l'accusation d'aider les étrangers « à s'enrichir
des dépouilles du pays. »

Quant à l'armée, elle a nettement affirmé ses sentiments par une émeute au mois de mars et par une
insurrection le 9 septembre. Le favoritisme dont
jouissaient les officiers appartenant à l'élémen;
mameluk, en dérogation à tous les règlements sur
l'avancement, n'a été mis en avant que comme une
justification de ses plaintes. Il la touchait moins que
les idées de licenciement attribuées à Riaz-Pacha.
« On veut — écrivaient plusieurs officiers au sultan
— licencier l'armée sous un prétexte d'économie ;
mais les traitements scandaleux accordés aux fonctionnaires européens donnent un éclatant démenti à
ces raisons d'économie. En réalité, on détruit les
cadres pour avoir plus facilement raison du pays et
s'en emparer sans lutte. »

Cette appréhension d'une intervention étrangère
qui se résoudrait par une occupation définitive n'est
point fictive ; elle n'est point un prétexte imaginé
pour servir de couvert à un appel au sentiment
national contre l'établissement du contrôle étranger.

Au jugement de M. de Ring, les chefs du mouvement militaire ont un sentiment exact des dangers
que court l'indépendance de leur pays, du fait des
« intérêts anglais. — devant lesquels, suivant l'expression significative du *Times*, — doivent s'effacer ceux de

toutes les autres puissances », y compris ceux de la France, que le journal de la Cité considère comme purement « financiers » et simplement « historiques ». La population égyptienne a une notion moins raisonnée, plus obscure, mais non moins vive des déchirements par lesquels la question d'Orient se règle peu à peu et à la faveur desquels l'Angleterre peut être amenée à vouloir réaliser, en Égypte, les visées de domination effective qui lui sont attribuées.

De là, les demandes de l'armée — demandes qui trouvent grand accueil auprès de la population — en faveur de l'élévation des forces militaires à 18,000 hommes, et la résolution bien arrêtée, si cet accroissement de l'effectif ne peut être accordé ou obtenu, de s'opposer, par des moyens même insurrectionnels, à une réduction quelconque, et, à plus forte raison, à un licenciement, sous quelque forme qu'il soit présenté.

En dehors des raisons de haute politique par lesquelles la classe instruite justifie ses appréhensions d'une prise de possession de l'Egypte par l'Angleterre, il est des faits d'ordre matériel que l'esprit simple de la masse perçoit mieux et qui l'amènent à concevoir les mêmes inquiétudes. En voici un qui nous a été cité comme exemple :

Parmi les entreprises, dont plusieurs créées par l'initiative française, ont passé ces derniers temps entre les mains de sociétés anglaises, il en est une, — celle des « eaux d'Alexandrie », — qui soulève particulièrement les méfiances populaires. En l'état actuel de son exploitation très perfectionnée, il suffirait de déclancher quelques pièces des machines élévatoires qui amènent l'eau du canal Mahmoudié à Alexandrie, pour réduire cette ville, dans un bref délai, à une disette d'eau absolue. Le seul port de l'Égypte, — en dehors de Port-Saïd, débouché du canal de Suez, — le seul point atterrissable de la côte, serait donc à la discrétion de la « Compagnie des eaux », maîtresse d'assoiffer la ville bloquée par une flotte étrangère et coupée de ses communications avec l'intérieur par un corps de troupes débarqué sur la langue de terre qui l'isole du reste du pays.

Cette éventualité d'une occupation de l'Angleterre est une hypothèse dont il est fait abstraction dans les rapports officiels des cabinets de Londres et de Paris. Mais elle préoccupe vivement l'armée égyptienne ; et il est, dès lors, utile d'en tenir compte dans les ménagements qu'il convient d'apporter à sa réorganisation nécessaire.

Amoindrir l'effectif, ce serait provoquer peut-être un nouveau mouvement ; et ce serait sûrement le déchaîner que de procéder à un licenciement. Placer la haute direction militaire sous le contrôle du *consortium* anglo-français comme les finances le sont déjà ? L'idée en est venue immédiatement après l'émeute de février ; elle fut même, croyons-nous savoir, inspirée à notre gouvernement par M. Ferdinand de Lesseps. Mais elle a été abandonnée devant les objections diplomatiques qu'elle eût soulevées et les difficultés de son application.

Il existe déjà une commission militaire dans laquelle, à côté d'officiers supérieurs indigènes, parmi lesquels le chef du mouvement militaire, le colonel Araby-Bey lui-même, siègent des officiers européens au service de l'Égypte. Les gouvernements anglais et français inclineraient, croit-on, à se faire représenter chacun, auprès de cette commission, par un général détaché à cet effet. Le but premier des travaux indiqués à l'étude de la commission serait la réorganisation sur des bases nouvelles et très étendues d'un corps de gendarmerie. L'armée se montrera difficilement favorable à la constitution de ce corps de troupes, destiné à réduire son rôle et son importance.

Le ministère Chérif-Pacha lui-même ne peut se prêter de bonne grâce à des essais de réorganisation qui ouvriraient la porte plus ou moins grande à une intervention de fait du *consortium* financier dans les affaires militaires de l'Égypte. Consentir à cette intervention, sous quelque forme qu'elle se dissimule, ce serait perdre le prestige personnel dont il a besoin, à défaut du prestige qu'il ne peut emprunter à la personne du souverain dont il est le ministre.

Placé entre les excitations panislamiques de la Porte et l'appréhension d'une absorption par une puissance étrangère, l'élément national égyptien cherche sa voie. L'idéal qu'il poursuit, c'est la constitution d'un ministère égyptien, ne comprenant que des membres indigènes, et responsable seulement devant la chambre des notables. Mais il n'a, pour le réaliser, ni une cohésion de forces assez grande, ni une unité de direction assez intelligente. Il serait inexact de dire qu'il a une conscience bien raisonnée de la perfidie des encouragements qu'il reçoit de la Porte, mais il en a l'instinct. Il s'explique mieux les antipathies de l'Angleterre pour ses tendances à établir un ordre de choses où il aurait voix délibérative. Il se rend également mieux compte des convenances par lesquelles le gouvernement français pourrait, à un moment donné, être amené à lui témoigner son bon vouloir.

Mais toutes ces choses qu'il suffit d'indiquer d'un mot pour que nous les concevions aisément, lui apparaissent confuses. Il s'agite au milieu de tâtonnements continus ; et il complique ainsi la crise égyptienne d'une cause nouvelle, qui est d'autant plus dangereuse qu'il est difficile d'en déterminer encore la portée.

Ce qui apparaît clairement, c'est que le parti national est, dans la question d'Égypte, un facteur important; soit que le développement de cette question suscite une intervention armée de la Porte, soit qu'il amène l'ébranlement ou la rupture du *condominium* anglo-français, soit qu'il produise une confirmation temporaire de l'état de choses actuel.

Le plus sage serait de trouver un accommodement entre le contrôle et sa participation à l'administration du pays, d'une part, et les revendications du *parti national*, d'autre part. L'entreprise serait plus qu'audacieuse si l'on avait à compter, en cette circonstance, avec les idées de fanatisme exclusif qui, si elles règlent aujourd'hni la politique turque, ne dominent pas en Égypte.

CHAPITRE III

De quelque façon que l'on envisage « la question égyptienne » on est amené à convenir que la population d'Égypte a, sur les autres populations musulmanes, l'avantage incontestable d'être la plus apte à concevoir les idées de la civilisation européenne, et à en réaliser les progrès.

Ce n'est pas impunément que, — pendant les seize années du règne d'Ismaïl-Pacha — cette population a été mise en contact quotidien avec les européens de toutes classes, de toutes professions, de toutes nationalités que l'esprit d'entreprise ou l'esprit d'aventure attirait en Égypte. Certains principes élémentaires de notre droit public ont fini par être compris des égyptiens qui les ont trouvés justes, et qui ne voient pas pourquoi ils seraient éternellement privés de leur bénéfice. *Toute la révolution égyptienne est là.* « Elle a commencé — comme le remarquait le correspondant du Caire du *Moniteur universel* — par un mouvement d'opinion si latent, si patient, qu'on n'y a point pris garde, et que la surprise a été énorme quand, pour la première fois, l'armée s'en est faite l'interprète. »

Quant à cette armée, ce n'est point la tourbe que l'on se plaît à imaginer dans certains clans politiques. Elle ne renferme ni streilitz, ni mameluks, ni janissaires. Elle est l'incarnation du paysan du Nil, et son mode de recrutement en fait un corps de milices plutôt qu'un corps de soldats sédentaires. Elle a, elle aussi, acquis certaines idées politiques, idées encore confuses, il est vrai, mais dont il sera d'autant plus difficile de la faire démordre qu'elles sont celles de la population égyptienne tout entière.

Cela étant, l'insurrection militaire est aussi naturelle que facilement explicable. Le khédive avait fait des promesses et pris des engagements désagréables à Riaz-Pacha. La journée du 9 septembre fut aussitôt résolue, organisée, et les troupes dirigées avec leurs dix-huit canons sur le palais d'Abdin. Mais rarement émeute n'a été aussi pure d'excès de tous genres. Aussi ne peut-on que blâmer très sévèrement l'affolement affecté de Riaz faisant expédier à Alexandrie la caisse de l'État. L'armée a su cela; elle a vu défiler les 17 wagons chargés de 600,000 livres, et elle les a laissés passer en haussant les épaules. Riaz savait mieux que personne que l'armée visait autre chose que la caisse; elle visait le renvoi de son ministère.

Il n'y a, sur les bords du Nil, ni chambre des représentants, ni aucun moyen constitutionnel de demander justice. Pour obtenir la retraite de Riaz-Pacha, l'armée égyptienne a dû recourir au seul argument des nations lésées par l'arbitraire: à l'insurrection. A ce point de vue, l'Europe ne peut juger l'Égypte.

Du temps de Mohamet-Ali et jusque sous Abbas-Pacha, l'autorité absolue du vice-roi était tempérée, au moins en théorie, par des hauts conseils (*medjliss*) composés d'*ulémas* et de notables. Avant son abdication, Ismaïl-Pacha reconstitua ces *medjliss*, sous la forme d'une « Chambre des notables » qui disparut ensuite au milieu des modifications qui marquèrent l'avènement de Tevfik.

Le sentiment national et les aspirations du peuple égyptien — comme ceux d'ailleurs de tout autre peuple musulman — aurait pu s'accommoder d'un système qui aurait laissé peser sur le khédive le poids et la responsabilité du gouvernement. Ils auraient pu s'harmoniser avec le pouvoir absolu du vice-roi, si, tenu dans des mains fermes, ce pouvoir avait été exercé avec l'éclat et le prestige par lesquels il s'impose aux populations orientales. Mais en admettant que Tevfik possédât les qualités de fermeté et de résolution nécessaires, il aurait été mis hors d'état de s'en ser-vir. Son autorité souveraine avait, en effet, pour règle, les décisions d'un conseil dont la présidence lui était refusée. Riaz-Pacha, à la fois ministre de l'intérieur et de la justice, était le véritable maître, grâce à l'appui personnel et tout-puissant qu'il trouvait auprès des représentants du Contrôle. Il y avait pour le khédive, aux yeux de la population égyptienne, une sorte de déchéance dans cette situation nouvelle. Esprit timide, le jeune prince la rendait plus flagrante par sa manière d'être. A Riaz-Pacha il se plaignait sans cesse des empiètements du Contrôle. Au Contrôle il se plaignait des exigences de Riaz. A ceux qui l'approchaient il se plaignait de tous les deux; il se répandait en menaces; il puisait dans ses propres excitations une énergie factice à laquelle succédait sans transition un abattement complet.

Les officiers ont sans doute trouvé, dans cette faiblesse de caractère de leur souverain, un encouragement à des *pronunciamentos* qu'ils n'auraient pas osé tenter avec un prince qui aurait conservé plus de prestige. Mais quelle crainte pouvaient-ils avoir d'un khédive dont ils disaient publiquement, dans le palais, que sa «seule raison d'être était d'être, comme eux, un Égyptien. »

L'isolement dans lequel Riaz-Pacha tenait le khédive afin de le dominer plus aisément, est une des causes du manque d'autorité de Tevfik. Chérif-Pacha, qui semble vouloir relever cette autorité pour en fortifier la sienne, s'efforcera, sans aucun doute, de faire cesser cet isolement. Dans ce but, il devra hâter la réconciliation de Tevfik avec sa famille, éloignée de l'Égypte par une sorte de bannissement injustifié. Il provoquera ainsi un rapprochement vers le nouveau régime des anciens fonctionnaires restés fidèles au dernier règne.

Parmi ces anciens fonctionnaires, il en est un principalement dont l'accord est étroit et l'union absolue avec le nouveau chef du cabinet égyptien, Chérif-Pacha, rallierait au khédive Tevfik des sympathies qui, lui sont encore refusées. Nous voulons parler de Ragheb-Pacha qui, dix fois ministre, sous Ismaïl, fit partie avec Chérif du ministère qui succéda au « *ministère européen* » présidé par Nubar-Pacha, à ce dernier passage aux affaires, Ragheb s'attira des haines qui n'ont point désarmé. Il avait imaginé comme règlement et fonctionnement des affaires financières égyptiennes, d'offrir à l'Europe la garantie territoriale foncière de trois cents des principaux propriétaires du pays, nominalement pour assurer le paiement intégral de la dette telle qu'elle était réglée par la convention Goschen-Joubert. L'Unifiée conservait son taux d'intérêt de 6 0/0 et 1 0/0 d'amortissement. Tous les financiers qui rêvaient la banqueroute de l'Égypte jetèrent les hauts cris. — Cet Égyptien était un homme dangereux !

On a insinué que Ragheb-Pacha et le groupe d'Égyptiens influents que l'avènement du nouveau khédive a jeté hors des affaires, s'efforçaient de donner au « sentiment national égyptien » une forme « qui — suivant l'expression du *Times* — n'est point celle de l'opposition à la Turquie, mais bien celle de l'opposition à l'Angleterre et à la France. » Cette insinuation a été reprise par un journal français qui, ces derniers jours encore, englobait dans « le groupe anti-européen » Chérif-Pacha lui-même, qu'il soupçonnait d'être « en sous-main l'homme des vues secrètes de la Porte sur l'Égypte. » Attribuer de tels sentiments à ceux qui sont la plus haute représentation du « mouvement national », c'est dénaturer les origines aussi bien que les aspirations de ce mouvement. A moins de prétendre que le « parti national », que l'on accuse cependant d'être le fauteur des désordres militaires, n'existe pas ; ou bien à moins de n'en faire qu'un avec le parti « vieux turc », avec lequel il est en opposition ouverte d'idées ; il y a contradiction et, en quelque sorte, incomptabilité flagrante entre les tendances pan-islamiques dont on le soupçonne, et les idées d'indépendance nationale qui le font mouvoir.

Qu'est-ce, en effet, que le parti national ? Quelle est son origine ? Quelle est sa raison d'être ? Quelles sont ses aspirations ?

Dans un article du 28 septembre 1881, le journal *les Débats* a semblé prévoir cette question, et y a répondu avec une netteté et une concision qui témoignent d'une connaissance approfondie du peuple égyptien. Nous en détachons le passage suivant :

Nous avons déjà parlé des progrès faits par les Égyptiens depuis un demi-siècle ; et, si l'on ajoute au développement intellectuel qu'ils ont acquis les conditions d'existence et d'autonomie qui leur sont faites, — conditions précaires, malgré la protection des puissances, puisque la Porte n'a pas abandonné le projet de reprendre l'Égypte, — on comprendra que les Égyptiens prennent quelque souci de l'avenir et qu'ils travaillent, de leur côté, à constituer un gouvernement fort sous la protection des puissances occidentales.

Ni Chérif-Pacha ni les Égyptiens ne sont opposés à l'ingérence de l'Europe dans leurs affaires. Ils savent bien que l'Égypte ne peut pas se gouverner seule, et que si les puissances l'abandonnaient, elle ne tarderait pas à retomber aux mains des Turcs. *Entre la Turquie et l'Europe, les Égyptiens ne sauraient hésiter : bien que musulmans, leur choix est fait d'avance, et c'est à l'Europe chrétienne qu'ils se fient. Les*

Egyptiens apprécient les bienfaits de la civilisation occiden-
tale, et leur fanatisme ne les aveugle pas au point de lui pré-
férer sa barbarie. C'est là une supériorité incontestable qu'ils
ont sur tous les autres musulmans, et dont on doit leur tenir
compte. Tous les hommes qui pensent ainsi, et ils sont nom-
breux en Égypte, forment ce qu'il est convenu d'appeler le
parti national.

Il y a donc un « parti national » dont les aspirations
sont en opposition complète avec celles du parti
« vieux turc », lequel, considérant l'Égypte comme
terre de l'Islam, s'efforce de resserrer les liens tempo-
rels qui en font une dépendance de l'empire ottoman
et les liens religieux qui l'unissent au califat de Constantinople. On peut croire, si l'on veut, que ce parti
n'est point encore assez puissant en Égypte, que c'est
une force mal dirigée et dont il est difficile d'attendre
de bons résultats. Mais cette force est; elle existe à
l'état de parti agissant.

Ce parti, il serait politique de l'estimer ce qu'il vaut;
or, ce qu'il vaut, c'est de représenter non seulement
un simple mouvement national; mais encore un
système de civilisation orientale qui peut s'harmoniser
avec la civilisation européenne, et qui est le seul dont
la réalisation soit désirable, tant il s'impose aux
nécessités du moment comme à celles de l'avenir. Il
peut être un élément modérateur du mouvement pan-
islamique actuel qui, s'il restait abandonné à la direction fanatique de Constantinople, deviendrait un danger
permanent pour l'Europe, tandis que, sous l'impulsion
du parti national égyptien, il peut se transformer, être
ramené à la philosophie des civilisations européennes,
et préparer le rapprochement définitif du monde musulman vers le monde chrétien.

A considérer de près ses origines premières et
son développement successif, le mouvement des idées
nationales en Égypte est bien plus qu'un simple inci-

dent de la vie politique d'un petit peuple; il inaugure en quelque sorte un ordre de choses nouveau dans le monde musulman; et ce serait une faute peut-être irrémédiable que de ne pas l'aider à se faire jour, à devenir le point avancé de l'islamisme vers la chrétienté.

Il serait injuste de ne point le reconnaître : si l'Europe peut aujourd'hui trouver en Égypte un élément de progrès par lequel il lui serait facile, si elle le veut, de contre-balancer la détestable impulsion donnée par Constantinople à l'islamisme; c'est aux seize années de règne du khédive Ismaïl qu'elle en est redevable.

L'abdication de ce prince — ou plutôt son renoncement, sans réserve et sans arrière-pensée, à la couronne qu'il transmettait à son fils aîné — a été un dernier acte de sacrifice à l'harmonie qu'il avait toujours eu en vue d'établir entre l'Europe et l'Orient, par le contact immédiat de leurs deux civilisations en Égypte. En se refusant de souscrire à l'abdication qui lui était demandée, il aurait été entraîné à une lutte qui aurait défait l'œuvre qu'il avait entreprise et qu'il avait si grandement avancée. Ismaïl-Pacha ne l'a point voulu.

Une lettre de ce prince au grand-vizir Saïd-Pacha donne l'expression exacte de cet ensemble d'idées qui, après avoir été la règle de conduite politique du dernier khédive a eu, comme suprême consécration, une abdication dont les enseignements méritent d'être retenus. Elle a été reproduite, en son temps, par les journaux anglais et allemands ; mais elle a passé inaperçue dans la presse française. On la lira, croyons-nous, avec intérêt.

Je remercie Votre Altesse de la certitude qu'elle veut bien me donner que la Sublime-Porte n'a jamais admis, un seul instant, la pensée que j'eusse cessé d'avoir pour le trône les sentiments de dévouement dont je me suis toujours montré animé; et que j'eusse pu oublier les faveurs dont Elle dit que Sa Majesté a daigné me combler.

Votre Altesse fait ensuite appel à ces sentiments pour me prier de vouloir bien user de mon influence personnelle pour mettre immédiatement fin à la campagne criminelle entreprise contre le kalifat.

Je saisis cette occasion que veut bien me fournir Votre Altesse pour rappeler à sa mémoire que j'ai été le premier, dans ses derniers temps, à attirer l'attention de la Sublime-Porte sur la haute et indiscutable majesté du khalifat, lorsqu'après avoir fait appel au nom de Dieu à la justice du khalife, j'ai tant insisté auprès de la Sublime-Porte, dont Votre Altesse était alors, comme aujourd'hui, le premier ministre, pour qu'Elle fit obéir à une décision dont le caractère sacré était inaltérable, parce qu'il était l'émanation de l'une des grandes fonctions auxquelles l'existence du khalifat est si étroitement liée que la cessation de leur accomplissement constitue la négation de la loi divine sur laquelle est basée son sacerdoce.

Votre Altesse a déjà reconnu par là que, bien loin de porter atteinte à l'autorité du khalife, j'en ai reconnu au contraire le caractère à sa plus sublime élévation; et qu'en recourant à sa justice devant Dieu, j'ai rendu au khalifat le plus grand hommage qu'il pouvait attendre d'un prince musulman dont l'aïeul et le père ont eu la gloire, après une guerre sainte longue et pleine de périls, de rendre à l'Islam les lieux vénérés du pèlerinage, et d'y rétablir, plus puissante que jamais, l'autorité du khalifat, qui en avait disparu.

Quant aux faveurs et aux bienfaits dont Sa Majesté, d'après Votre Altesse, m'aurait comblé, j'en ignore l'existence.

J'ai fait appel à sa puissance suzeraine pour me protéger contre une pression étrangère : *Je venais de traverser seize années bien remplies; car, sous mon administration, l'Egypte avait été couverte d'un réseau de chemins de fer; — elle avait considérablement étendu la canalisation qui féconde la richesse de son sol et quintuplé l'abondance de ses productions; — elle avait créé deux grands ports à Suez et à Alexandrie; — elle avait détruit dans l'Afrique centrale les sources de l'esclavage, et fait flotter le drapeau de l'empire dans des contrées où elle était encore inconnu; — elle avait vu achever et livrer au monde le canal des deux mers; — et enfin, après de longues et vives résistances, elle avait inauguré chez elle la réforme judiciaire qui, en mettant un terme aux lenteurs résultant de la multiplicité des juridictions étrangères; et, rendant à la distribution de la justice, la promptitude qui la rend seule profitable, a préparé pour l'avenir le moyen d'établir l'harmonie d'une bonne justice dans le contact de la civilisation de l'Orient avec les civilisations étrangères.*

A cet appel à sa puissance suzeraine, Sa Majesté a répondu en prononçant ma destitution. Je me suis soumis pour ne pas porter atteinte à la tranquillité de l'empire, déjà si troublée par une grande et malheureuse guerre.

Plus tard, par suite de circonstances douloureuses, j'ai invoqué la justice du khalife dans l'obligation des fonctions qu'il tient de Dieu par l'intervention du prophète! Votre Altesse sait qu'il n'a pas encore été répondu, et que je suis toujours en exil avec ma famille.

Il serait nécessaire que la diplomatie ne perdît pas de vue l'ensemble de faits et d'idées qui ressortent de l'examen, trop insuffisant, peut-être, de la question égyptienne que nous venons de tenter et qui trouvent dans la lettre d'Ismaïl-Pacha une confirmation dont on ne saurait nier la valeur. Si, au lieu de s'opposer au développement du sentiment national égyptien, elle favorisait son essor, elle adopterait la politique la meilleure, au point de vue idéal, et la plus désirable au point de vue de l'équilibre européen en Orient.

On a émis la pensée que le consentement de la Porte pourrait être nécessaire à l'octroi de la constitution réclamée par les chefs du mouvement militaire. C'est une erreur. Croyant trouver l'occasion favorable de reconquérir une suzeraineté réelle sur l'Égypte dans la destitution du khédive Ismaïl, qui lui était demandée par les cabinets de Londres et de Paris, la Porte a intercalé dans le firman prononçant cette destitution quelques mots qui abrogent le firman de 1873, lequel donnait au vice-roi une indépendance effective. Mais ces mots n'ont jamais été considérés que comme de vaines formules, destinées à flatter d'incurables illusions.

Le décret d'investiture du nouveau khédive a, au surplus, rétabli les prérogatives du firman de 1873 que les puissances ont jugé utile de conserver, et parmi lesquelles le droit surtout de conclure des conventions internationales. Il est seulement ajouté que « ces conventions devront être communiquées à la Porte, qui nepourrait y mettre opposition que si elles étaient contraires à celles conclues par la Porte elle-même, ou si elles portaient atteinte *aux droits du sultan* », Cette dernière restriction très élastique pouvait seule servir de base à l'intervention directe que recherche la Porte.

Il appartient à l'Europe civilisée de rendre impossible cette intervention qui ferait du peuple égyptien un nouvel instrument du fanatisme de Constantinople.

1511 PARIS. — IMPRIMERIE CHARLES BLOT, RUE BLEUE, 7.

2

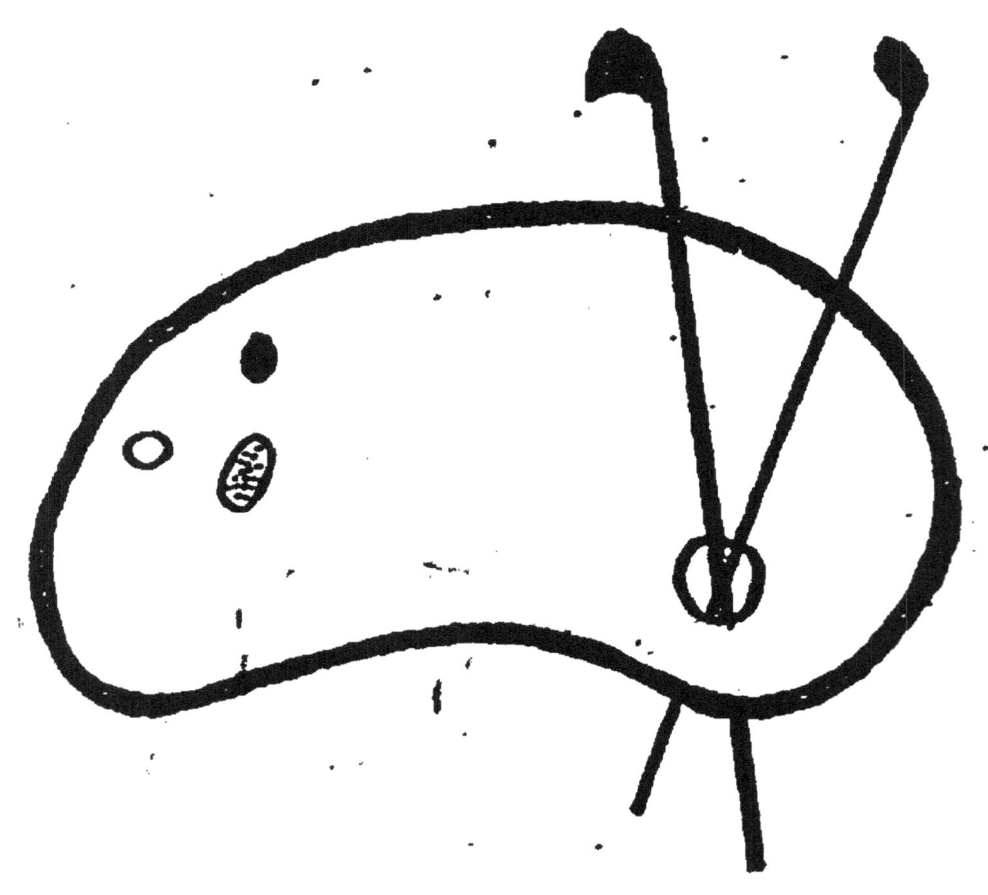

ORIGINAL EN COULEUR

NF Z 43-120-8